AF446956

Los misterios de Eleusis: la historia de los ritos religiosos más famosos de la antigua Grecia

Por Charles River Editors

Traducido por Areaní Moros

Una representación de Deméter extendiendo su mano en una bendición hacia Metaneira arrodillada, quien ofrece trigo trino (un símbolo recurrente de los misterios).

Sobre Charles River Editors

Charles River Editors es una editorial digital boutique que se especializa en traer la historia de vuelta a la vida con libros educativos e interesantes en una amplia gama de temas. Manténgase al día con nuestras nuevas ofertas gratuitas con esta afiliación de 5 segundos o regístrese en nuetsra lista de correo semanal, y visite nuestra Página de Autor Kindle para ver otros títulos recientemente publicados.

Hacemos estos libros para usted, y siempre queremos saber la opinión de nuestros lectores, por eso le invitamos a dejar comentarios, y nos entusiasma publicar nuevos y emocionantes títulos cada semana.

Introducción

Una placa votiva que representa algunos de los misterios de Eleusis

La Antigua Grecia y su mitología han fascinado a la gente durante miles de años, y pocos elementos han intrigado a las personas más que los misterios de Eleusis, o misterios eleusinos. Los griegos creían que estos misterios, conocimientos religiosos arcanos, transformaban a los iniciados y les daban conocimiento que facilitaba la vida terrenal y aliviaba el temor a la muerte, lo que les permitía la aceptación de sus destinos. La influencia de los misterios eleusinos también tuvo gran alcance. Por ejemplo, el Telesterion recuerda las estructuras laberínticas que pueden encontrarse en toda la Europa prehistórica, desde Irlanda y Malta hasta Creta y las islas Shetland.

El recinto más grande de Eleusis combinaba cuevas, terrazas y edificios tallados en la roca, que hacen eco de ese pasado antiguo. El viaje exterior del iniciado es reflejado en su viaje interior, y lo que puede verse es que la antorcha espiritual de la Grecia clásica, como lo ejemplifican estos ritos, esconde el culto mucho más antiguo a las deidades. Era el espíritu de esos dioses y diosas más antiguos lo que en el fondo impregnaba a Eleusis.

Sin embargo, no sería prudente ver a los misterios eleusinos como si fueran algo separado de los otros aspectos del sistema de creencias griego, o incluso peor, verlos como más espirituales que los demás. El hecho de que un elemento considerable de los misterios eleusinos sugiere una tendencia hacia el monoteísmo espiritual ha conducido a muchas conclusiones falsas o incorrectas en cuanto a su naturaleza. No eran un fenómeno único en la tradición religiosa griega, y los conceptos de secreto y revelación de misterios únicamente para iniciados tenían paralelismos en los cultos de Dioniso (también Dionisio) y Cibeles. De manera similar, las dimensiones místicas de los ritos, con su énfasis en un encuentro personal con la deidad, puede encontrarse en otras actividades cultuales.

No obstante, para los griegos la cuestión fundamental era que solamente mediante los misterios podrían escapar el miserable destino eterno que se les atribuía si no eran iniciados en el culto. Sófocles lo resumió muy bien al declarar: "Tres veces son felices los mortales que, habiendo contemplado estos ritos, parten para el Hades, pues sólo a ellos les es dado poseer allí una vida verdadera de felicidad. Para los demás no habrá más que sufrimiento".[1]

Los ritos que componían los misterios de Eleusis formaban un evento panhelénico que atraía visitantes de todo el mundo griego, incluidas Sicilia y Cirene. Básicamente, cualquiera que hablara griego, hombre o mujer, libre o esclavo, podía presentarse como candidato para la iniciación, siempre y cuando estuviera libre de cualquier sacrilegio e impoluto de un crimen atroz, como el asesinato. Los misterios se convirtieron en la más sagrada de las celebraciones místicas que tenían lugar en Grecia, y hoy en día los ritos y rituales que componían lo que fue un magno evento siguen siendo objeto de controversia académica y debate religioso.

Lo que hace tan importantes a los misterios eleusinos para quienes estudian la Antigua Grecia es que sobrevivieron durante miles de años, hasta bien entrada la era cristiana. Celebraban a Deméter, una figura de suma importancia en Grecia (particularmente en la adoración tanto ateniense como romana), y todo el festival era celebrado con gran pompa por el Estado. Más que todo, sin embargo, el aura de misterio que ha rodeado a los famosos ritos, y la falta de información absolutamente incontrovertible acerca de lo que ocurría exactamente en algunas de las partes más secretas de los ritos, han garantizado que sigan siendo enigmáticos y, por ende, intrigantes a lo largo de la historia.

---

[1] Sófocles, *Edipo en Colono*, 18.

Los misterios de Eleusis: la historia de los ritos religiosos más famosos de la antigua Grecia

Religión en la Antigua Grecia

Homero y Hesíodo relatan numerosas historias de los dioses, sus travesuras y escapadas, y sus peleas[2]. Estas historias reflejan las creencias que tenían los griegos sobre sus deidades en el periodo Clásico. En *La Ilíada*, se representa a los dioses con muchas características negativas y a menudo los relatos los muestran como fundamentalmente egoístas, caprichosos, crueles, vengativos, obstinados y mezquinos. El punto es que los griegos veían a sus dioses como veían a la humanidad, y les atribuían defectos y comportamientos humanos. Jenófanes, quien escribió a principios del siglo V a. e. c., explicó:

"Tanto Homero como Hesíodo han atribuido todas las cosas a los dioses,

Tantas como son vergonzosas y reprochables entre la humanidad,

El robo, el adulterio y los engaños entre unos y otros".[3]

Había, por supuesto, algunos individuos o pequeños grupos que eran escépticos y cuestionaban la existencia de los Olímpicos. Sin embargo, la realidad era que estos no creyentes eran pocos, y relativamente desconocidos. Los griegos que encontraban imposible aceptar toda la panoplia de deidades eran la minoría más pequeña de la población.

La religión griega también debe ser comprendida en su propio contexto. La religión como una parte separada de la vida, como es la norma en muchas sociedades modernas, era simplemente inconcebible en la Antigua Grecia. Lo que podría denominarse como "religión" en la actualidad, se denominaría mejor como sistema de creencias cuando se utiliza en el contexto de la sociedad griega. Los sistemas de creencias tradicionales griegos no tenían directrices escritas, y como resultado las prácticas religiosas se transmitían oralmente de generación en generación y mediante la práctica. Por ejemplo, no había textos sagrados comparables con la Biblia o el Corán, que informaran a los acólitos lo que deberían creer o hacer. En su lugar, los griegos usaban oráculos y la interpretación de presagios para determinar qué era lo que requerían de ellos los dioses, y normalmente involucraba actos de adoración y rituales para honrar a las deidades.

El uso de oráculos era de particular importancia porque era mediante ellos que los griegos creían que podían consultar directamente a los dioses. Los principales centros que albergaban a estos oráculos podían encontrarse en toda Grecia, pero el más importante era el de Delfos, donde una sacerdotisa, conocida como la Pitia, o pitonisa, impartía sus revelaciones desde un trípode en el Templo de Apolo, el dios de la profecía. Los griegos creían que la Pitia era el medio a través del cual hablaba el dios a quienes le hacían preguntas. Por lo general, estas preguntas eran de naturaleza totalmente práctica, como preguntarle al dios si deberían emprender una aventura en particular o por qué sus cosechas habían fracasado.

---

[2] Homero, *La Ilíada* y *La Odisea*; Hesíodo, *Teogonía*.
[3] Jenófanes de Colofón, 11.

Sacerdotisa de Delfos, por John Collier (1891)

Las ruinas del Templo de Apolo en Delfos
Fotografía de Patar Knight

Creso, por ejemplo, enviaba emisarios a todos los principales oráculos, pero creía que los que importaban más eran los de Delfos y Oropos. Se sabe por Heródoto que envió enormes obsequios con la esperanza de que sus preguntas acerca del emergente poder de Persia fueran respondidas. El sacrificio que ofreció incluía un león de oro que, según se informa, pesaba más de diez talentos, así como dos cuencos para mezclar, cuatro cofres de plata, una figurilla de mujer en oro y numerosos artículos valiosos de la colección de joyas de su esposa. No sorprende que Delfos lo hiciera ciudadano honorario y le concediera el derecho de hacer sus preguntas a la Pitia antes que nadie. Este privilegio se conocía como *promanteia*, y los atenienses también tenían este derecho.

En Delfos había días específicos reservados durante los que podía consultarse a la Pitia, tradicionalmente en el mes de *Bysios*, pero en la época clásica esos días habían aumentado a una vez al mes, excepto durante el invierno[4]. En ese periodo, además de la que oficialmente ocupaba el cargo, había dos más que se rotaban. Una pitia podía estar casada cuando era ascendida al cargo, pero tenía que renunciar a su esposo durante el tiempo en que ejercía sus funciones.

---

[4] Plutarco, *Moralia*, 292e.

Otra forma de discernir el futuro que utilizaban los griegos clásicos era mediante la adivinación, que normalmente implicaba el sacrificio de un animal para que su hígado pudiera ser examinado. Se creía que a partir de estas entrañas podía interpretarse la voluntad del dios.

Los griegos consideraban su derecho visitar los santuarios panhelénicos y el culto era absolutamente sacrosanto, y pueden establecerse paralelismos con los peregrinos cristianos medievales que visitaban Compostela o Jerusalén, o con los musulmanes que visitaban la Meca para el *hach*, o *hajj*. Los más importantes de estos santuarios eran el de Olimpia y el de Eleusis, y durante los festivales que allí se celebraban se proclamaban treguas sagradas para los peregrinos que acudían en masa a participar. Las treguas se mantenían vigentes durante los periodos inmediatamente antes, durante y después de las celebraciones.

En el caso específico de los llamados "misterios de Eleusis", o misterios eleusinos, un evento anual autorizado por Delfos, mensajeros elegidos de las familias sagradas de Eleusis eran enviados por todo el mundo griego para anunciar la tregua sagrada y proclamar la seguridad de todos aquellos que desearan viajar hacia y desde Eleusis. De hecho, la duración de la tregua era de 55 días en total. Los términos de la proclamación dejaban claro que aquellas ciudades que se rehusaran a honrar la tregua tendrían prohibido tomar parte en los misterios. Estas treguas sagradas no impedían la guerra en el periodo de las celebraciones, pero les daban inviolabilidad a los participantes. La tregua para los misterios eleusinos era proclamada por enviados conocidos como *spondophoroi*, literalmente, portadores de la tregua.

Además de los principales festivales panhelénicos, las polis celebraban sus propias festividades individuales, destinadas exclusivamente a los ciudadanos de esa ciudad en particular. Se llevaban a cabo también muchas otras, que eran específicas para un determinado tipo de participante. Los ionios, por ejemplo, tenían un centro de culto en la isla de Delos, y Tucídides describió las celebraciones llevadas a cabo allí con cierto detalle[5]. El evento, establecido inicialmente como un ritual de purificación después de un brote de peste, involucraba boxeo, baile y canto, todo para honrar y dar placer a los dioses. Homero, en su Himno a Apolo, escribió:

"Pero fue en Delos, Phoibos, que tu corazón se deleitó especialmente,

Donde se reúnen los ionios de largas túnicas,

Con sus hijos y esposas en tu calle sagrada;

Allí boxeando y cantando y bailando

Piensan en ti y se regocijan".[6]

No está del todo claro si los programas básicos de los festivales panhelénicos se inspiraron en los locales o viceversa, pero en términos generales temas como la purificación, las festividades y

---

[5] Tucídides, *Historia de la Guerra del Peloponeso*, III 104.4.
[6] 'Himno a Apolo' en Tucídides, *Historia de la Guerra del Peloponeso,* III 104.4.

rituales para complacer a los dioses formaban parte de todos los festivales griegos. La participación no solo era un deber religioso sino también cívico, y debe siempre recordarse que para los antiguos griegos, tal distinción habría sido desconcertante.

La religión, como tal, era un asunto muy personal y muy práctico para los antiguos griegos, y otro buen ejemplo de este punto es el culto de Asclepio, el dios a quienes acudían en tiempos de enfermedad. El centro principal de curación era en Epidauro, donde se mantenía a los enfermos en el *abatón*, un edificio especialmente reservado para ese propósito específico. Durante la noche, si el enfermo tenía suerte, el dios Asclepio lo visitaría mientras dormía, aparecería en sus sueños y lo curaría. Todo el proceso era una curación por fe a gran escala, y así como en la curación por fe de hoy en día, había innumerables creyentes que estaban absolutamente convencidos de que al llevar a cabo los rituales adecuados, orar y dar todo el debido honor a los dioses, podrían curarse.[7]

Un aspecto importante de la creencia de la Antigua Grecia, y uno central a los Misterios, concernía al más allá. La mayoría de las imágenes de la vida después de la muerte presentadas a los griegos no eran precisamente alentadoras. En *La Odisea*, Homero pinta un panorama particularmente espantoso de lo que podría esperarse del otro lado de la vida:

'Hijo de Laertes, de linaje divino, Odiseo rico en ardides,

desdichado, ¿qué acción todavía más grande preparas en tu

mente? ¿Cómo te has atrevido a descender a Hades, donde

habitan los muertos, los que carecen de sentidos,

los fantasmas de los mortales que han perecido?'

Así habló, y yo, respondiéndole, dije:

'Aquiles, hijo de Peleo, el más excelente de los aqueos, he

venido en busca de un vaticinio de Tiresias, por si me revelaba

algún plan para poder llegar a la escarpada Ítaca; que aún no

he llegado cerca de Acaya ni he desembarcado en mi tierra,

sino que padezco infortunios continuamente. Pero tú, oh Aquiles,

eres el más dichoso de todos los hombres que nacieron y han de nacer;

pues antes, cuando vivo, te honrábamos como a los dioses,

y ahora de nuevo imperas poderosamente sobre los muertos aquí abajo.

Conque no te entristezcas de haber muerto, Aquiles.'

---

[7] Y, de hecho, el octavo día de los Misterios de Eleusis se dedicó a Asclepio para celebrar su llegada a Atenas procedente de Epidauro para convertirse en iniciado.

Así hablé, y él, respondiéndome, dijo:

'No intentes consolarme de la muerte, noble Odiseo.

preferiría ser un siervo y trabajar para alguien más,

incluso para un hombre sin tierra, que no tuviera sustento,

a ser el soberano de todos los cadáveres, de los muertos'.[8]

La visión de la vida después de la muerte representada por Homero fue ampliamente aceptada, y era para escapar de ese destino que los individuos se iniciaban en los misterios eleusinos. No sorprende que muchos antiguos griegos se resistieran a la posibilidad de pasar la eternidad como un espíritu de sombras deambulando por un inframundo carente de placer, pero a pesar de eso, los misterios eleusinos eran los más famosos de estos rituales y, han argumentado muchos desde entonces, los únicos que ofrecían esperanza de una mejor vida en el más allá.

Los misterios eleusinos encapsulan todas las principales características y atributos de las perspectivas y actitudes de los antiguos griegos hacia la religión: lo misterioso, lo mundano, la comunicación con los dioses para el beneficio mutuo, y la creencia absoluta de que lo que hacían en términos de adoración era crucial para cualquier relación exitosa con las deidades. Para muchos, asegurarse una vida después de la muerte más placentera que la descrita por Homero era una aspiración muy racional. Dado que los dioses podían ser persuadidos por medio de rituales para satisfacer los deseos de quienes les rendían el debido respeto y honor, no es particularmente sorprendente que los misterios evolucionaran para cumplir esa misma función de obtener la aprobación de aquellas deidades que podían aliviar su difícil situación en la otra vida. Es en ese contexto que deben examinarse y evaluarse los misterios eleusinos y todo el culto relacionado.

El mito de Deméter y Perséfone

Los orígenes de los Misterios nunca se han determinado por completo, y las teorías sobre ello tienen un amplio rango. Una explicación planteada por algunos es que eran de origen egipcio, mientras que otros proponen influencias tártaras, e incluso se ha sugerido que incorporan ideas brahmánicas o budistas. Sin embargo, no hay pruebas contundentes para ninguna de estas afirmaciones más que la muy general de que involucraban la idea de la iniciación.[9]

Dicho esto, muchas de las ideas y asociaciones centrales parecen provenir de Creta y, tradicionalmente, Deméter llego a Grecia desde esa isla, lo que posiblemente indica alguna conexión. También hay cierta evidencia de que los Misterios influyeron en los ritos cristianos en los primeros años de la Iglesia, y algunos han sugerido que San Juan el Evangelista había sido un iniciado. San Pablo también utilizó algunos de los términos técnicos de los ritos en sus Epístolas.

---

[8] Homero, *La Odisea*, XI 473-91.
[9] *Los Misterios de Eleusis* por G. Foucart (1912). París.

Cualesquiera fueran sus orígenes, ciertamente tuvieron un impacto sobre muchos de aquellos que participaron en los ritos. Pitágoras y Plutarco los elogiaron, y Cicerón declaró que lo que alguien aprendía en la casa del Lugar Oculto le hacía aspirar a llevar una vida noble y le daba felicidad en la contemplación de la muerte[10]. Platón dijo que los Misterios habían sido establecidos por hombres de gran genio que se esforzaban por enseñar la pureza, aliviar la crueldad y promover la moralidad[11]. El enigma al que se enfrentan los eruditos es cómo y por qué este culto en particular evolucionó de antiguas tradiciones mucho antes de que los olímpicos se convirtieran en los dioses establecidos de Grecia, y cómo los griegos incorporaron los Misterios en su sistema de creencias y los convirtieron en la más importante serie de celebraciones religiosas de todo el mundo antiguo.

---

[10] Cicerón, *Leyes II*, xiv, 36.
[11] *Los misterios eleusinos y báquicos* por T. Taylor (1891). Londres.

Busto de Plutarco

Busto de Cicerón
Fotografía de Jose Luiz Bernardes Ribeiro

Un antiguo busto de Platón
Fotografía de Marie-Lan Nguyen

Una leyenda parece haberse formado sobre la base de los misterios en Eleusis y los requerimientos específicos para la ceremonia de iniciación. Esta leyenda era un mito de madre e hija, el de Deméter (conocida como Ceres en la mitología romana) y su hija Perséfone (a veces llamada *Kore*; Proserpina en la mitología romana). El cuento se narra en detalle en el himno homérico a Deméter[12].

Antiguo busto que representa a Deméter

Perséfone estaba recogiendo flores en un campo, y se vio tentada por un hermoso narciso. La flor, sin embargo, era una trampa tendida por Gaia, bajo instrucciones de Zeus, y cuando Perséfone fue a recoger la flor, la tierra se abrió y el dios del inframundo, Hades (conocido como Plutón en la mitología romana), la secuestró y violó. Solo Hécate, una hija de Rea, y Helios, el dios del sol, oyeron los gritos de Perséfone. Durante nueve días Deméter vagó por el mundo buscando a su hija, llevando antorchas ardientes y sin comer, beber o lavarse. Nadie, ni dios ni mortal, acudió en su ayuda.

---

[12] Himno homérico a Deméter, 198-211, 476-82. Traducción por H.G. Evelyn-White (1920). Biblioteca Clásica Loeb, Nueva York.

Al décimo día, Hécate y Helios finalmente le dijeron lo que había sucedido. Deméter huyó del Olimpo enojada y vagó por la tierra sin ser reconocida, hasta que llegó a Eleusis y conoció a su rey, Céleo. Disfrazada como una anciana, se sentó bajo la sombra de un olivo hasta que las hijas del rey la invitaron a ir a casa con ellas. Deméter les dijo a las niñas que su nombre era Doso (a veces *Dós* o *Deó*), y que fue llevada a Eleusis en contra de su voluntad por piratas cretenses. Las niñas la llevaron ante su madre, Metanira. Deméter, en su disfraz como Doso, rechazo todo el vino y alimento que le ofrecieron, pero les pidió a sus anfitriones que prepararan una poción, llamada ciceón (*kykeon*), de cebada y agua:

"Largo rato, silenciosa, apesadumbrada, estuvo sentada sobre su asiento

y a nadie se dirigió ni de palabra ni con su gesto.

Sin una sonrisa, sin probar comida ni bebida, se estuvo sentada,

consumida por la nostalgia de su hija de ajustada cintura,

hasta que la diligente Yambe, con sus chanzas y sus muchas bromas,

movió a la sacra soberana a sonreír, a reír y a tener un talante propicio,

ella que también luego, más adelante, agradó a su modo de ser.

Metanira le dio una copa de vino dulce como la miel, una vez que la llenó.

Pero ella rehusó, pues decía que no le era lícito beber rojo vino.

Le instó, en cambio, a que le sirviera para beber harina de cebada y agua,

después de mezclarla con tierno poleo.

Y ella, tras preparar el ciceón, se lo dio a la diosa como le había encargado.

Al aceptárselo, inauguró el rito la muy augusta Deó."[13]

Metanira le pidió a Doso que se convirtiera en la aya de su hijo bebé, Demofonte, quien habiéndole nacido a tan avanzada edad, era la niña de los ojos de su madre. Bajo el cuidado de su nueva niñera, que lo alimentaba con ambrosía, el niño prosperaba, y por la noche ella lo escondía en fuego para darle el don de la inmortalidad. Una noche, curiosa por saber cómo cuidaba Doso de su precioso hijo, Metanira la espió y se horrorizó al ver a su hijo ser puesto en el fuego. Deméter reveló entonces su verdadera forma y regañó a la angustiada madre por su falta de visión, que le había costado a su hijo el regalo de la inmortalidad.

Posteriormente, Deméter le ordenó a la gente de Eleusis que le construyan un templo con un altar debajo y les dijo que les instruirá sobre los ritos que allí debían realizarse. El templo fue debidamente construido y Deméter se recluyó en él, llorando aún la pérdida de Perséfone. En su ira y dolor, dejó al mundo en barbecho, haciendo imposible que la gente viviera o les hiciera

---

[13] *Himno a Deméter,* trad. H.G. Evelyn-White (1920). Biblioteca Clásica Loeb, Nueva York.

sacrificios a los dioses. Zeus, desesperado por esto, la visitó, pero ni él ni los otros dioses pudieron hacerla cambiar de parecer; Deméter insistió en que no restauraría el equilibrio del mundo hasta volver a ver a su hija.

En última instancia, Zeus envió a Hermes al inframundo para traer a Perséfone de vuelta. Hades accedió, siempre y cuando ella no hubiera comido nada durante su estancia allí, porque quienes comían la comida de los muertos, no podían regresar al mundo de los vivos; pero Hades había engañado a Perséfone para que comiera cuatro semillas de granada, lo que hizo imposible que regresara permanentemente. Como resultado, quedó ligada al inframundo durante cuatro meses cada año. Deméter no tuvo otra opción más que aceptar este compromiso y así, restauró la tierra.

Representación de Hades y Perséfone en el inframundo

Un ánfora que representa a Deméter y Perséfone

Madre e hija reencontrándose en "El regreso de Perséfone", por Frederic Leighton

Deméter convocó entonces a los príncipes de Eleusis, Triptólemo, Diocles, Eumolpo, Políxeno y Céleo, y los inició en los ritos sagrados "sobre los que nadie tiene permitido hacer preguntas o divulgaciones, una advertencia solemne de los dioses sella nuestras bocas" [14]. Si bien se requería el secretismo en cuanto a los detalles de las ceremonias, no es secreto el hecho de la importancia de los ritos para la felicidad futura en la otra vida.

____

[14] Íbid.

Existe una serie de variaciones de este mito básico. Por ejemplo, en el himno homérico a Deméter, Hécate ayuda en la búsqueda de Perséfone y se convierte en su asistente en el inframundo. En otra, se dice que Perséfone comió las semillas voluntariamente para engañar a Hades, pero él descubre sus intenciones y la obliga a quedarse con él. También difieren las versiones en la cantidad de semillas que comió; en unas se dice que cuatro y en otras que seis. Sin embargo, en todas las versiones el tiempo que Perséfone debe permanecer en el inframundo corresponde a los periodos en Grecia cuando poco o nada crece, y su regreso corresponde a la primavera.

En su nivel más básico, el mito es acerca de los ciclos de la vegetación y la fertilidad, por lo que, naturalmente, los ritos en Eleusis incluían algunas ofrendas de los primeros frutos a Deméter, quien, en uno de sus aspectos, era la diosa de los granos en plena fructificación (mientras que Perséfone era la diosa de la semilla aún no florecida)[15]. Un fragmento ofrece algunos detalles sobre la relación entre los primeros frutos, el Estado y los Misterios:

> "Se ha decidido por la Boulé y por el pueblo; que los atenienses
> deben ofrecer a las dos diosas los primeros frutos del grano de
> acuerdo con la costumbre ancestral, y el oráculo de Delfos, de
> cada cien medimnoi de cebada, no menos de un sexto de
> medimnoi, de cada cien medimnoi de trigo no menos de un
> doceavo de medimno y si alguien produce más o menos que esto,
> debe ofrecer primeros frutos en la misma proporción.
>
> Los demarcos [δήμαρχος] deberán recogerlo por deme y
> entregarlo a los *hieropoioi* de Eleusis en Eleusis. Los atenienses
> deben construir en Eleusis tres fosos de almacenamiento, de
> acuerdo a la costumbre ancestral, dondequiera les parezca
> adecuado a los *hieropoioi* y el arquitecto, con el dinero que
> pertenece a las dos diosas. Deberán depositar allí el grano que
> reciban de los demarcos. Los aliados también deben ofrecer
> primeros frutos de la misma forma".[16]

Luego de proporcionar más detalles sobre cómo debía llevarse a cabo la operación, y las penalidades por incumplimiento, la inscripción continúa: "El hierofante y los *daidouchos* deben proclamar en los Misterios que los griegos deben ofrecer primeros frutos de acuerdo con la tradición ancestral y el oráculo de Delfos[17]. El fragmento también señala que las ofrendas de cada ciudad debían registrarse y que debía invitarse a los estados no aliados a que hicieran sus propias ofrendas de la misma manera que los aliados a Atenas.

---

[15] W. Otto, *Los Misterios,* 1955, p. 25. Nueva York.

[16] IG I³ 78.

[17] Ibid.

En otro nivel, sin embargo, el cuento de Deméter y Perséfone puede verse como la representación de todo el ciclo de la vida. Deméter y Perséfone son madre y doncella, dos etapas de la vida de una mujer. Deméter adopta la apariencia de una anciana, una que según el himno homérico ya no está en edad de procrear o de los "dones de Afrodita"[18], lo que completa el ciclo de doncella a madre a anciana; el ciclo al que se hace referencia repetidamente en los relatos preclásicos de la diosa.

Incluso en su apariencia de anciana, el elemento maternal de Deméter es aparente, si bien la naturaleza de esa característica está en marcado contraste con la de la mortal Metanira. Las participaciones de Gaia y Rea son recordatorios de que la diosa es la fuente de la vida y la muerte. En Eleusis, lo que era la sagrada unidad de la diosa única se convierte en la dualidad de Deméter y *Kore* (Perséfone), como era el caso en la antigua Creta. El mito no se trata simplemente de la ruptura del ciclo inmortal; se trata de la confrontación con la muerte, y este aspecto es el más pronunciado en los ritos eleusinos.

Eleusis

Algunas de las ruinas excavadas en Eleusis

---

[18] *Himno a Deméter,* trad. H.G. Evelyn-White (1920). Biblioteca Clásica Loeb, Nueva York.

Eleusis ha sido descrita como el ónfalo (*omphalós*) existencial –que representaba el centro u "ombligo" del mundo– en la Grecia clásica[19]. El lugar en sí había sido sagrado posiblemente desde 2.000 antes de la Edad de Oro de Atenas, y su cenit como un importante centro de culto estaba vinculado a los Misterios. El propio nombre Eleusis significaba pasaje o puerta, lo que sugiere que la ubicación era vista como un lugar en el que se encontraban dos mundos, y donde podía encontrarse la puerta entre la vida y la muerte. Una cueva dentro del recinto era vista como la entrada simbólica al inframundo, y el lugar reúne todas las características de tales lugares sagrados; enclavado en una cresta rocosa en la esquina de la fértil llanura tracia y cerca de las aguas de la bahía de Eleusis desde donde se divisa la isla de Salamina. El sitio está delimitado por montañas y colinas en tres lados, y agua en el otro. Los macizos montañosos Citerón y Parnés cierran la planicie en el norte, mientras que el monte Kerata la cierra al sur.

Mientras que Pisístrato fue el responsable de formalizar y legalizar la relación entre los Misterios y Atenas, fue Pericles quien se encargó de ampliar el santuario existente, que había sido casi completamente destruido por los persas en el 408 a. e. c. Promovió el culto, pues creía que la diosa misma le había pedido a Atenas que se asegurara de que los ritos se llevaran a cabo. El santuario mejorado fue diseñado por Ictino, uno de los arquitectos responsables del diseño del Partenón, y a Fidias, uno de los escultores más famosos del momento, se le encargó la decoración del santuario. Otros constructores importantes también participaron en la reconstrucción, incluidos Corcebus, Metágenes, Jenocles y Calícrates.

---

[19] *Santuarios de la Diosa* por P. Streep, p. 169, (1992). Bulfinch Press.

Busto de Pericles

El lugar era visitado durante el festival anual por una procesión que comenzaba en Atenas, a 22 km de distancia, procedía a lo largo de la Vía sagrada y terminaba en el Telesterion, que esta adyacente a una colina. Había dos propileos (*propylaea*), o entradas monumentales, uno para los misterios mayores y uno para los menores, que posteriormente añadieron los romanos, y llevaban al Telesterion[20]. Esta estructura principal del lugar era aproximadamente cuadrada y medía más de 45 metros por 45 metros. La planta baja era una gran sala con asientos en todos los lados. Dado que el edificio debía albergar grandes cantidades de personas, el diseño de la estructura es

---

[20] La arqueología ha revelado numerosos ajustes y adiciones a lo largo de los siglos por parte de todos, desde los micénicos hasta los romanos.

extraño, pero permaneció esencialmente igual a lo largo del periodo de su uso.

Koroibos, el arquitecto que trabajó en el santuario entre 446 y 440 a. e. c., mantuvo la sala columnada sin ventanas, marcada por varias entradas. En total había 42 columnas, dispuestas en filas de siete por seis que creaban los espacios[21]. Los objetos sagrados, o *hiera*, que eran usados al final de las ceremonias se guardaban en una sala del primer piso. Vincent Scully ha sugerido que "parece claro que se deseaban adentro tantas columnas como fuera posible para crear un interior más laberíntico, misterioso y arbóreo"[22]. Los visigodos destruyeron todo el complejo en el 395 e. c., pero hasta ese momento continuó siendo un importante centro de culto. Hoy, el lugar está rodeado por un suburbio de Atenas, y poco queda excepto por parte de algunas paredes en el lado sur del sitio clásico.

Pericles pudo haber trasladado los Misterios a la propia Atenas, pero eligió no hacerlo, pues reconocía la importancia de la ubicación. Lo que sí hizo fue integrar aún más toda la celebración en el calendario religioso ateniense y vincular continuamente los Misterios con ceremonias atenienses más antiguas. El proceso ya estaba establecido, por ejemplo, en la ubicación de los misterios menores en Agra. Para consolidar aún más la relación entre la ciudad y los Misterios, el mito de Teseo, el legendario fundador de Atenas, fue inextricablemente vinculado mediante su viaje al inframundo y su iniciación.[23]

Los misterios

"A todos reveló Deméter la forma de conducir sus ritos y misterios

A Triptólemo y Políxeno y Diocles también

Terribles misterios que uno no puede transgredir o aprender de ninguna manera

O mencionar, pues la gran reverencia a los dioses frena la voz.

Bienaventurado aquel entre los mortales que ha visto estas cosas;

Pero el que no está iniciado en los ritos, que no tiene parte en ellos

No tiene nada que ver con esas cosas, muerto, abajo en la oscuridad mohosa".[24]

Los misterios eran observados por todos los griegos, pero en especial por los atenienses, que los celebraban cada año en Eleusis[25]. Era la más celebrada de todas las ceremonias religiosas

---

21 *Eleusis y los misterios eleusinos* por G. Mylonas (1961) p.117. Princeton.
22 *La Tierra, el templo y los dioses* por V. Scully (1969). Nueva York.
23 Hércules también fue subsumido en el conjunto como el salvador de Teseo.
24 Himno homérico a Deméter, 476-482.
25 Existe alguna evidencia de que en los primeros años se celebraban solo una vez cada tres años, pero en el periodo Clásico era un festival anual.

griegas, y era tal su importancia que se conocía simplemente como "los Misterios". Los ritos, sin embargo, se guardaban celosamente y se ocultaban de quienes no habían sido iniciados. Si alguien divulgaba alguna parte de los ritos, se consideraba que habían ofendido la ley divina, y el infractor estaba sujeto a la retribución total de los dioses y el hombre, incluida la muerte. Alguien que hubiera cometido ofensa era rechazado hasta que se le ponía bajo custodia. Un tratamiento similar se aplicaba a cualquier persona no iniciada que se atreviera a venir a las celebraciones, fuera por accidente o a propósito. El término "los Misterios" era completamente adecuado para estas celebraciones, pues todo era un misterio y nada se mencionaba por su nombre verdadero.

Los Misterios se dividían en dos partes principales, los Misterios menores y los Misterios mayores, con una tercera para los que ya habían sido iniciados, llamada *epopteia* o carga. Se decía tradicionalmente que los Misterios menores se habían comenzado en nombre de Hércules, Castor y Pólux, quienes preguntaron a los atenienses si podían ser iniciados[26]. Como no eran atenienses, se consideraba que eran inelegibles, pero Eumolpo (sacerdote del culto) estaba ansioso por tener a héroes tan famosos como miembros, así que a los tres se les concedió la ciudadanía ateniense.

Como preliminar para los ritos completos, Eumolpo creó los Misterios menores, que desde entonces se convirtieron en una ceremonia preliminar a los Misterios mayores para los candidatos que no fueran atenienses[27]. El festival de los Misterios menores se celebraba en Agra al comienzo de la primavera, en el mes de antesterión (febrero-marzo), entre el 19 y el 21. Con el tiempo, se convirtió en un requisito para cualquier aspirante a iniciarse en los Misterios mayores, el iniciarse primero en los Misterios menores.

Las ceremonias de los Misterios menores eran marcadamente diferentes de las de los Misterios mayores. Los menores tenían que ver con el regreso de Perséfone a la tierra, lo que había sucedido en Eleusis, mientras que los Misterios mayores representaban su descenso al inframundo. Los Misterios menores honraban más directamente a la hija, mientras que en los mayores la figura principal era Deméter. En los Misterios menores, Perséfone era conocida como *Persephatta*, y en los mayores se la conocía como *Kore*.

Apenas se sabe nada sobre el programa específico que constituía los Misterios menores. François Lenormant, un arqueólogo que excavó Eleusis en el siglo XIX, creía que a los iniciados en los Misterios menores recibían un conocimiento religioso específico que les permitía posteriormente comprender los símbolos y artefactos que se les mostraban como parte de los Misterios mayores[28]. El concepto de los ritos de los Misterios menores era que el alma estaba en

---

[26] *Los misterios y ritos eleusinos* por D. Wright (1919). Londres

[27] En el Museo Nazionale delle Terme en Roma hay una urna conocida como la Urna Lovatelli. El relieve decorativo representa la iniciación de Hércules. Se le muestra vistiendo su habitual piel de león y ofreciendo un cerdo en el altar de sacrificios. El sacerdote está rociando al cerdo con agua y es la parte de la iniciación que sigue a las abluciones en Falero. Más tarde se muestra a Hércules con la cabeza cubierta y su piel de león ha sido reemplazada con otra prenda. Sobre su cabeza flota un aventador que se usa para separar el trigo de la paja. Otras escenas muestran a la diosa con Hércules de pie ante ella.

un estado impuro y que el cuerpo terrenal era de naturaleza material. Los Misterios mayores purificaban el alma de su naturaleza material y la elevaban a un nuevo nivel de comprensión que les daba nueva esperanza para la vida después de la muerte.

Como era el caso de los Misterios mayores, las celebraciones de los Misterios menores eran precedidas por una tregua que abarcaba a todos los involucrados en guerras en ese momento, y los deudores no podían ser arrestados durante los ritos, si eran participantes. Los mismos funcionarios presidían ambos ritos. Los Misterios menores abrían con un sacrificio a Deméter y Perséfone, con una parte siendo reservada para los descendientes de Eumolpo y Cérix, las familias sagradas. Dado que el propósito principal era preparar a los candidatos para la celebración de los Misterios mayores, se les purificaba ritualmente y se les instruía sobre lo que vendría. La instrucción incluía una representación dramática de la violación de Perséfone y las andanzas de Deméter.

Dos meses antes de la luna llena del mes de boedromión (septiembre), los heraldos seleccionados por las familias sagradas viajaban por toda Grecia proclamando las venideras celebraciones. La tregua comenzaba el día 15 del mes antes de que comenzaran los ritos y duraba hasta el décimo día del mes siguiente a la conclusión de las celebraciones. Los ingresos recaudados de los participantes de los Misterios eran considerables. Todos los que participaban, en cualquiera de los Misterios, pagaban un *óbolo* al día, y la mayor parte de ese dinero se le entregaba al hierofante, aunque otros funcionarios también recibían pagos del dinero recolectado.

Los funcionarios del culto

Todos los detalles prácticos relacionados con las tres etapas de iniciación –los Misterios menores, los mayores y la *epopteia*– estaban controlados por las familias de los Eumólpidas y los Cérices, quienes podían rastrear su linaje a la época anterior a que Eleusis se convirtiera en parte de Atenas. De hecho, los Eumólpidas continuaron como una casta sacerdotal hasta la era de los visigodos. Estas dos familias tenían el derecho hereditario al secreto de los Misterios, y estos derechos eran reconocidos por el Estado; cada uno proporcionaba la mitad del personal religioso que trabajaba en el templo y en las celebraciones.

Se desconoce el número total de funcionarios, pero el título de los cargos y sus funciones sí, y está claro que los Misterios proporcionaban una vida muy lucrativa para los miembros de las dos familias. Pausanias afirma que este derecho hereditario se originó en la época en que Erecteo (primer rey mitológico de Atenas) derrotó y mató a Imárado, el hijo de Eumolpo[29]. Parte del tratado que incorporó a Eleusis a Atenas incluía la estipulación de que las dos familias continuarían siendo las custodias de los Misterios. El derecho fue confirmado en un decreto del siglo V a. e. c. Cualquier pregunta relativa a los Misterios o a cómo debían ser realizados se

---

[28] *Los misterios y ritos eleusinos* por D. Wright (1919). Londres.
[29] Pausanias, *Descripción de Grecia,* 1.38.7.

remitían a estas familias, que tenían el derecho exclusivo de determinar los procedimientos.

Si bien las dos familias tenían el primer derecho sobre los animales sacrificados, también tenían el derecho de dar sus porciones a quien quisieran como recompensa. Cualquier sacrificio ofrecido a las deidades conocidas como infernales o ctónicas, debía ser completamente consumido por el fuego. El funcionario principal en los ritos era llamado *hierofante*, y era elegido en gran parte con base en la cualidad de su voz. Siempre era de la familia de Eumolpo (el nombre significa 'buen cantante'), y la importancia vinculada a la voz refleja el hecho de que la información revelada a los iniciados debía ser entregada en el tono adecuado y enunciada de tal manera que no hubiera malentendidos sobre lo que se decía.

Una vez nombrado, el hierofante mantenía el cargo hasta su muerte. Dedicaba su vida entera al templo y vivía una vida casta. Para ayudarlo a renunciar a las tentaciones de la carne, se ungía a sí mismo con jugo de cicuta, que le inducía un estado de frío extremo. Algunas inscripciones han revelado que algunos hierofantes estaban casados, así que bien podría ser que el celibato, que se consideraba una parte tan importante del papel del titular del cargo, en realidad solo se aplicara durante los periodos de celebración. Pausanias, sin embargo, afirmó que se requería abstinencia total y permanente por parte del hierofante.[30]

Sea como fuere, del hierofante se esperaba que fuera el modelo mismo de rectitud y un ejemplo moral para todos los demás. El cargo, si bien contenido dentro de una misma familia extendida, no era hereditario (es decir, que pasara de padre a hijo), así que los griegos hacían todo lo posible para que solo se nombraran individuos de la más alta calidad.

La túnica del oficio era una larga prenda purpura, el cabello debía mantenerse largo, y se usaba una corona de mirto durante los ritos, junto con una diadema. En su rol en los Misterios, el hierofante representaba al "Creador del Mundo", y únicamente él tenía permitido entrar al santuario más interno del templo. Era él quien revelaba los objetos místicos, los *kistai*, a los iniciados al final de las ceremonias. Su poder era más que ritual, sin embargo, ya que podía negarse a permitir la iniciación de cualquiera a quien no considerase digno. Entre los festivales como tales, supervisaba la instrucción de los aspirantes. Se dividía a los candidatos en grupos y eran instruidos por funcionarios del templo, conocidos como 'mistagogos'.

A lo largo de su periodo en el cargo, al hierofante nunca se le llamaba por su nombre, sino siempre por su título. Hay ejemplos de castigos impuestos a individuos que olvidaron esta regla y se dirigieron al hierofante por su nombre original; a algunos se les encarceló por ello.[31]

Después de su periodo en el cargo, sin embargo, era perfectamente aceptable que se revelara su nombre. En efecto, en una inscripción encontrada en Eleusis, un hijo añadió orgullosamente a la inscripción que su padre había puesto: "No pregunten mi nombre, la regla mística se lo ha

---

[30] Ibid; *Los misterios de Eleusis* por G. Foucart (1912). Londres.
[31] Luciano de Samósata, *Diálogos de los muertos*. Traducido por H.W. y F.G. Fowler (1909). Oxford.

llevado al mar azul. Pero cuando llegue el día predestinado y vaya a la morada de los benditos, entonces todos los que me quieren lo pronunciarán". Su hijo escribió: "Ahora nosotros, sus hijos, revelamos el nombre del mejor de los padres, el que en vida escondió en las profundidades del mar. Este es el famoso Apolonio".[32]

El hierofante era apoyado por una sacerdotisa, llamada *hierofanta* o *hierofántida*, también nombrada de por vida de entre los Eumólpidas, y otra inscripción hallada en Eleusis de una de estas funcionarias dice: "Que mi nombre permanezca tácito, al ser apartado del mundo cuando los hijos de Cécrope [Erecteo] me hicieron hierofántida de Deméter. Yo misma lo escondí en las vastas profundidades".[33] La hierofántida tenía permitido casarse, y existen registros de niños nacidos de varias de estas funcionarias. Su responsabilidad específica era la instrucción de las candidatas femeninas. Los nombres de los diversos hierofantes e hierofántidas probablemente se escribían en tabletas de plomo que luego se arrojaban al mar.

A lo largo de su permanencia en el cargo, el hierofante tenía que evitar todo contacto con los muertos y los animales considerados impuros. También tenía prohibido tener contacto alguno con una persona que estuviera sangrando. A partir del siglo V a. e. c., al titular del cargo le pagaba Atenas y, además de su remuneración, a él y a los demás altos cargos se les concedían otros privilegios, como el tener asientos de primera fila en el teatro.[34]

Además de la hierofántida, el hierofante era asistido por muchos otros funcionarios, tanto hombres como mujeres. El siguiente en rango era el *daduchos*, siempre elegido de la familia de los Cérices. Fungía como portador de antorchas en los festivales y al igual que su superior, vestía túnicas moradas, una diadema y mirto. A él también se le nombraba de por vida y se le permitía casarse. El daduchos asistía al hierofante en rituales públicos específicos, que incluían la ceremonia de apertura cuando se dirigía a los candidatos por primera vez, y en oraciones públicas para las polis. Este cargo, a diferencia del de hierofante, a menudo se heredaba de padre a hijo, pero al igual que el hierofante, nunca se llamaba al daduchos por su nombre personal.

El siguiente en la jerarquía era el *hierocérix*, o hierocérice, literalmente el mensajero de las noticias sagradas, que era el mensajero de los dioses y, por ende, la representación terrenal de Hermes. Actuaba como mediador entre el hombre y las deidades, y debía estar presente en todas las etapas de los Misterios. Dado que tenía que asistir a todo, tenía que haber sido iniciado personalmente en todos los niveles de los ritos. A él también se le elegía de los Cérices, se le designaba de por vida y vestía de púrpura con una corona de mirto. Su principal responsabilidad era asegurarse de que todos los candidatos supieran la necesidad de mantener los ritos en secreto, y las consecuencias de no hacerlo.

Los *phaidantes* eran los funcionarios, elegidos de alguna de las dos familias, que se encargaban

---

[32] *Los misterios y ritos eleusinos* por D. Wright (1919), p.39. Londres.
[33] Ibid.
[34] *Religión en la ciudad de la Antigua Grecia* por P. Cartledge (1994), p.136. Cambridge.

de las estatuas y vasijas sagradas. Tenían que asegurarse de que fueran mantenidas a salvo y mantenidas en buen estado. Los *liknophori* llevaban el aventador místico y los *hydranoi* rociaban a los candidatos con agua bendita al principio del festival.

Otros funcionarios incluían: los *spondophoroi* (spondoforos), que proclamaban la tregua en toda Grecia; los *pyrphoroi* (pirforos), que mantenían las hogueras necesarias para los sacrificios; y los *hieraules*, que tocaban la flauta durante los sacrificios. Este último grupo era responsable de toda la música sagrada y supervisaban a los *hymnodoi* y los *hymnetriai*, literalmente los que cantaban alabanzas. Los *neokoroi* cuidaban del templo en sí y de todos los altares. Los *panageis* ayudaban en los ritos en una variedad de maneras mundanas; los iniciados del altar realizaban ritos expiatorios, y finalmente, una colección de funcionarios menores que se agrupaban bajo el término *melissae*, o abejas, llevaban a cabo todas las diversas tareas necesarias para mantener el orden y atender al gran número de candidatos e iniciados que participaban en los Misterios. Todos estos funcionarios del templo eran elegidos en base a su reputación intachable, y durante los ritos se distinguían claramente por usar una corona de mirto.

Entre estos funcionarios, había un grupo más de nueve arcontes que se elegían cada año. El primero de estos se conocía como el 'arconte basileus', y su deber era ofrecer plegarias y sacrificios durante las celebraciones y asegurarse de que nada inapropiado sucediera durante el festival. También juzgaba a los transgresores al final del evento. Había cuatro *epimeletae*, o curadores, uno de cada una de las dos familias, y dos de la población general. Finalmente, había diez *hieropoioi* que también ofrecían sacrificios.

El programa

Friné en Eleusis, por Henryk Siemiradzki (1889)

Los preparativos para los Misterios eran largos, prolongados y complejos. Para los candidatos, los preparativos para la iniciación incluían ayunos y retiros en el año anterior a la iniciación, todos realizados bajo la atenta mirada de los numerosos funcionarios del templo decididos a garantizar que cualquier candidato fuera digno del honor. Los Misterios menores se celebraban en la primavera, durante el mes de antesterión, cerca de Agra, en la Atenas central. Los participantes que aspiraban a una iniciación completa a los Misterios mayores debían participar en estos ritos de los Misterios menores, que presidía el arconte basileus, a veces conocido como el "arconte rey". Lo asistían varios funcionarios y todo el evento culminaba en un sacrificio solemne a las dos diosas, seguido inmediatamente por la purificación ritual de los candidatos en el río _Illisos_.[35]

Aparte de datos básicos, nada se sabe del contenido de estos ritos. Sin embargo, eran significativos en un aspecto en particular; la tradición sostenía que se habían instituido para permitir que Hércules, como no ateniense, se convirtiera en un iniciado, por lo que en el periodo clásico a cualquier griego se le permitía convertirse en un iniciado y participar en los Misterios completos. Lo poco que se sabe sugiere que los candidatos tenían que mantenerse castos e impolutos durante nueve días completos antes de presentarse. Ya habrían sido preparados y aprobados por sus mistagogos, y sometidos a una serie de ayunos y a las ceremonias de purificación requeridos. Ciertos alimentos también debían evitarse en el periodo de los nueve días, pero esto se hacía en memoria de Deméter más que por la expiación de algún pecado. Parece no haber habido ningún dogma o doctrina particular que tuviera que aprenderse o aceptarse antes de la iniciación, pero la pulcritud física se consideraba de suma importancia.

El festival comenzaba con el traslado de los _hiera_, en cajas redondas conocidas como _kistai_, desde Eleusis hasta el Eleusinion al pie de la Acrópolis de Atenas, el día antes de que el programa completo se pusiera en marcha. Esta procesión, en el periodo clásico, estaba custodiada por un grupo de dieciocho efebos (varones adolescentes) menores de diecinueve años de edad. La llegada de los _hiera_ se notificaba solemnemente a la sacerdotisa de Atenea Polias delante de los magistrados y sacerdotes de la ciudad, y esta ceremonia solía atraer a una gran multitud de espectadores.

El programa de los Misterios mayores se extendía a lo largo de 9-10 días en conmemoración de los nueve días que Deméter vagó por la tierra. Todos los elementos de las celebraciones se llevaban a cabo con el mayor decoro posible, y la formalidad de los rituales generaba deliberadamente un sentido de solemnidad.

El primer día, el 15 del mes, era conocido como el _agyrmos_, el encuentro o la asamblea. El programa comenzaba formalmente con la luna llena. Todos los que habían completado los

---

[35] _Religión en la ciudad de la Antigua Grecia_ por P. Cartledge (1994), p.137. Cambridge.

Misterios menores y, por ende, habían sido iniciados en el primer nivel, se reunían en el *Stoa Poikile* o "pórtico pintado", donde el arconte basileus ofrecía sacrificios y oraciones. El arconte declaraba: "Vengan, los que estén limpios de toda contaminación y cuya alma no tenga conciencia de pecado. Venga quienquiera que haya vivido una vida de rectitud y justicia. Vengan todos los puros de corazón y de mano, y cuyo discurso pueda ser comprendido. Quien no tenga manos limpias y alma pura, y una voz inteligible no debe asistir a los Misterios".[36]

Tras el lavado de las manos y otras advertencias sobre las terribles penalidades que les esperaban a quienes persistieran en participar en los Misterios si de alguna manera no tenían permitido hacerlo, o si revelaban cualquier aspecto de los ritos, los aspirantes se reunían afuera del templo. Entraban en él bajo la atenta mirada de los mistagogos, quienes los acompañaban a lo largo de la ceremonia. Todos vestían prendas especiales, pero no podían ser demasiado elaboradas, pues se creía que Deméter desaprobaba la ostentación. Las joyas, el oro y los cinturones bordados en púrpura estaban todos prohibidos. El cabello debía llevarse suelto, y en el caso de las mujeres, no trenzado o enrollado. El maquillaje de cualquier tipo también estaba prohibido.

El segundo día se conocía como *Halade mystai* [*mystai* siendo la palabra para "iniciados"], o "¡al mar, iniciados!", que era la orden que daba el hierofante a los iniciados de ir a lavarse en el mar de Falero. Alternativamente, quienes no podían hacer el viaje al mar podían bañarse en los dos lagos de agua salada consagrados, conocidos como *rheiti*, que podían encontrarse a lo largo de la ruta de la Vía sagrada[37]. Los iniciados, antes de bañarse, confesaban sus transgresiones, sacrificaban a un cerdo y esparcían las cenizas. Las inmersiones dependían en el nivel de culpabilidad del que se absolvía al candidato. Aquellos que tenían que purificarse del asesinato tenían que sumergirse siete veces en dos ocasiones separadas[38]. Después de bañarse, se vestían con ropas nuevas de piel de oveja o de cervatillo, se ponían una hoja de mirto y regresaban, en procesión, a la ciudad para otro sacrificio. Ahora se les consideraba personas nuevas, regeneradas. Se llevaban con ellos un cerdito que habían limpiado ritualmente de la misma forma que ellos mismos y que usarían al día siguiente cuando finalmente concluyera el proceso de purificación.

El tercer día se conocía como el Día de luto, *Iereia devro*, y había que negar todos los placeres. Los participantes ayunaban hasta el anochecer, y una vez que caía el sol, los candidatos comían tortas de semillas, maíz tostado, sal, granadas y vino sagrado mezclado con miel y leche. El gran sacrificio a Soteria era llevado a cabo por el arconte basileus, que pedía a la diosa de la salvación

---

[36] *Los misterios y ritos eleusinos* por D. Wright (1919). Londres.

[37] Los sacerdotes tenían el derecho exclusivo de pescar en estos lagos. Véase p.138 *Religión en la ciudad de la Antigua Grecia* por P. Cartledge (1994). Cambridge.

[38] No está del todo claro cómo se permitía participar en las ceremonias de absolución a los que habían sido declarados culpables de delitos graves, dado que el grito de los iniciados era que, en efecto, debían estar libres de la mancha del pecado. La explicación más obvia es que esos transgresores habían recibido permiso de los más altos funcionarios del templo para participar.

sus bendiciones para la polis. Este sacrificio en particular tenía lugar en el Eleusinion y se hacía en memoria de la congoja de Deméter al perder a Perséfone. El sacrificio ofrecido era de mújol con cebada cosechada en *Rharium*, un campo eleusino. Ninguna de las ofrendas era consumida por los sacerdotes, y una vez que este elemento de los ritos se completaba, cada individuo sacrificaba al cerdito que había llevado a purificar el día anterior. El simbolismo era que el cerdo representaba al candidato, y al purificarlo mediante el fuego, el iniciado completaba los rituales de purificación que había comenzado con anterioridad.

En el cuarto día se hacía una procesión durante la que se llevaba una canasta sagrada de Deméter en un carro. Al final de la procesión iban mujeres con cestas llenas de granos, semillas, granadas y tortas. Una de estas tortas se conocía como "pastel de buey", porque se hacía con pequeños cuernos. Estos se dedicaban a la luna. Otro tipo estaba hecho con amapolas, en recuerdo de la leyenda de que a Deméter le dieron semillas de amapola cuando llegó por primera vez a Grecia para ayudarla a dormir. La mayoría de las representaciones de Deméter la muestran coronada con mazorcas y sosteniendo una rama de amapola. El día se conoció como *Asclepeia*, en recuerdo de la llegada de Asclepio de Epidauro.

Al día siguiente, conocido como el Día de las Antorchas, tras la caída del sol los iniciados caminaban en pares alrededor del templo en Eleusis con el *daduchos* a la cabeza. Las antorchas se agitaban y cambiaban de mano en mano para representar los andares de Deméter mientras buscaba a su hija perdida, con su antorcha encendida en los fuegos del Etna.

En el sexto día, el día de Iaco (también Yaco), los *hiera* eran llevados de vuelta a Eleusis en una solemne procesión encabezada por una estatua de Iaco, un epíteto de Dioniso. Era hijo de Zeus y Deméter, y la había ayudado a buscar a Perséfone. Generalmente se lo representaba llevando una antorcha. Los candidatos se desplegaban a lo largo de los 22 km de la ruta de Atenas a Eleusis, y más se unían a la procesión a su paso. La procesión en sí estaba compuesta de los sacerdotes, los miembros del Areópago, el Consejo de los 500 (Boulé), otros magistrados y, finalmente, ciudadanos en sus tribus y demos. Se hacían paradas en el camino, en varios santuarios que incluían el de Afrodita, y se hacían sacrificios en cada uno y en los dos lagos sagrados de agua salada.

Una de las paradas se hacía en la casa de Fítalo, quien según la tradición, había recibido a la diosa en su casa. Su recompensa por su amabilidad fue que Deméter le reveló el cultivo del higo. La procesión culminaba en el Salón de Iniciación, el Telesterion, después de lo que debe haber sido un viaje agotador, acompañado como estaba en todo momento de bailes, cantos, música y festividad general a lo largo de la ruta. Licurgo, en el siglo IV a. e. c., estaba claramente molesto por el hecho de que algunos candidatos, mujeres principalmente, habían comenzado a pedir aventones en carros o carretas, y ordenó que cualquiera que lo hiciera debía ser multado con 8.000 dracmas. Su hermana fue la primera en incurrir en una multa por esta transgresión, y él terminó pagando la multa y un talento más para la persona que la había delatado.[39]

Busto de Licurgo

La procesión entraba a Eleusis después de pasar sobre el rio Cefiso a través de la "Entrada Mística". Para ese momento la noche había caído, por lo que la siguiente parte del proceso se conocía como la Noche de las Antorchas. Las antorchas no eran solo para iluminar el camino para los participantes, sino también para ahuyentar los espíritus malignos. En algún punto de la ruta a Eleusis, los "croconianos", que afirmaban ser descendientes del héroe Crocón, un antiguo gobernante de la llanura tracia, colocaban una banda de azafrán en el pie derecho de cada celebrante.

Se estima que el número de participantes en esta etapa del festival oscilaba entre 30.000 y 40.000. Normalmente, todas esas personas llevaban símbolos relacionados de alguna u otra forma con Iaco, incluidos los aventadores[40], cañas trenzadas y cestas místicas. Durante este ritual, el sacerdote sostenía un aventador sobre la cabeza con velo del candidato y, según las Geórgicas de Virgilio, decía:

También hay que nombrar las armas propias de los rudos campesinos,

sin las cuales ni pudieron sembrarse ni crecer las mieses:

---

[39] *Los misterios y ritos eleusinos* por D. Wright (1919). Londres.
[40] Los aventadores eran los utilizados en la separación del trigo de la paja y estaban destinados a representar la separación del bien del mal.

la reja y, en primer lugar, el pesado roble del corvo arado,

y los carros de la madre eleusina, lentos en moverse,

y los trillos, las rastreras y rastros de excesivo peso;

además el tosco ajuar de mimbres de Celeo, los zarzos de madroño,

y el harnero místico de Iaco".[41]

En el séptimo día, la estatua era llevada de vuelta a Atenas, una vez más en una procesión que incluía muchas paradas para realizar sacrificios y otros rituales. Algunos candidatos permanecían en Eleusis para participar en deportes, donde todos los concursantes participaban desnudos. Los vencedores recibían premios de cebada cultivada alrededor de Eleusis.

Después de los juegos, los candidatos se preparaban más para la culminación de la iniciación, que tendría lugar a la noche siguiente. Para los que se habían unido a la procesión en su regreso a Atenas y el reingreso de la estatua en el templo, había una serie de eventos de comedia para recordar los intentos de Yambe de hacer reír a Deméter. En el puente sobre el Cefiso era costumbre que los lugareños intercambiaran bromas y chanzas con los de la procesión. Si bien se fomentaban los chistes y bromas, estaba prohibido sentarse en el pozo en el que, según la tradición, Deméter se había sentado agotada por la pena mientras buscaba a Perséfone, en caso de que esto se confundiera con estar imitando a la diosa.[42]

El octavo día se conocía como Epidaurion, en honor a la iniciación de Asclepio en los Misterios menores. En este punto se celebraban, en su honor y por segunda vez, los Misterios menores, y los candidatos que hasta el momento no habían cumplido ese requisito, eran admitidos. Sin embargo, no podían avanzar más ese año, lo que significaba que tenían que regresar al año siguiente para los Misterios mayores[43].

Había una segunda razón para la repetición, que residía en el simbolismo del alma despidiéndose de todo lo que era de naturaleza celestial. El día comenzaba con un sacrificio a Deméter y Perséfone, para el cual se escogía a los animales específicamente por su edad, color y sexo. Todos los aspectos del ritual se coreografiaban cuidadosamente, hasta el punto de que los cantos, los perfumes que se usaban y las libaciones que se hacían debían ser absolutamente perfectos.

Los animales eran llevados al altar y, dependiendo de la reacción del animal y de las llamas, el sacrificio era aceptado o rechazado. La carne no se sacaba del recinto del santuario, sino que

---

[41] Virgilio, *Eneida*, VI.
[42] Muchos de los chistes y bromas eran de muy mal gusto, pero eran tolerados como parte esencial de los Misterios.
[43] Aunque hay una sugerencia de que para el siglo V a. e. c. se permitía proceder a los Misterios mayores en el mismo año.

tenía que comerse en su interior. Los iniciados de los Misterios menores del año anterior cantaban: "He ayunado, he bebido el ciceón, he trabajado con lo que he cogido de la canasta [*kiste*], lo he puesto de nuevo en la canasta y de ahí, en la cesta [*kalathos*]".[44]

Se cree que los ritos que comenzaban con este encantamiento se dividían en tres secciones: *dromena*, o las cosas hechas, que involucraba una recreación del mito de Deméter y Perséfone; *deiknumena*, cosas realizadas durante las cuales el hierofante mostraba los objetos sagrados a los iniciados; y finalmente, las *legomena*, las cosas dichas, durante las cuales se explicaba lo que había sucedido antes. Juntos, estos tres elementos se conocían como *aporrheta*, los "prohibidos" o "indecibles", y quien divulgara estas partes de los ritos, podía ser condenado a muerte. Esquilo, de hecho, fue juzgado pero absuelto por revelar parte del ritual en sus obras. La prohibición fue tan bien observada que incluso hoy en día los detalles de lo que realmente sucedía siguen siendo vagos y se basan en las obras de escritores cristianos y fragmentos de inscripciones.[45]

El novena día era la culminación de las celebraciones, y se conocía como el día de *plemochoai*, porque así se llamaban los tipos de vasos o vasijas con forma especial que se utilizaban tradicionalmente para ofrecer libaciones a la tierra; se colocaba uno de estos vasos lleno de vino en el lado este del lugar y otro en el lado oeste. El heraldo comenzaba el procedimiento con el canto de "*ekas, ekas oi veviloi*", que significaba "apartaos, apartaos los profanos". Tras la recitación de fórmulas místicas, una para la lluvia y otra para la fertilidad, los vasos se partían y se derramaba el vino como libación. El clímax era la *epopteia*, la revelación, durante la cual se mostraban los objetos sagrados a los candidatos en el *anaktoron*.

Algunos historiadores creen que en ese momento los sacerdotes revelaban o interpretaban las visiones de la noche sagrada relacionadas con la vida después de la muerte, otros creen que el ciceón contenía poderosos ingredientes psicoactivos (por el hongo llamado 'cornezuelo del centeno'), que inducían estas visiones. Era una tradición aceptada que Perséfone se le aparecía a los iniciados. Hay una especulación considerable en torno a si su aparición era algún tipo de puesta en escena preparada pero, de serlo, ciertamente sirvió para engañar a tales luminarias como Sófocles, Eurípides, Plutarco y Píndaro[46]. Además, no hay evidencia arqueológica que sugiera la existencia de algún equipo que pudiera haberse usado para escenificar la visitación.

La velada se completaba con el *pannychis*, un festín de que duraba toda la noche y consistía en bailes y diversiones de todo tipo. Todas estas danzas tenían lugar en el llamado Campo Rhario, sagrado por ser el lugar donde, supuestamente, se había cultivado el primer grano. Se sacrificaba un toro y los iniciados vertían libaciones para los muertos. El hierofante concluía formalmente el rito con el mandato: "Vigila y no hagas mal".[47]

---

[44] *Religión en la ciudad de la Antigua Grecia* por P. Cartledge (1994), p.138. Cambridge.

[45] 'Inquisidores misteriosos; actuación, autoridad y sacrilegio en Eleusis, por R. Gagne (2009). *Classical Antiquity* 28, pp. 211-240.

[46] *Religión en la ciudad de la Antigua Grecia* por P. Cartledge (1994), p.138-9. Cambridge.

[47] Ibid.

En el décimo día la mayoría regresaba a sus casas, pero cada tercer y quinto año, también se celebraban los Juegos Eleusinos. Se cree que estos juegos fueron los más antiguos de todos los juegos griegos, y se celebraban en honor de Deméter y Perséfone. Además de sacrificios adicionales, se celebraban concursos de música, atletismo y carreras de caballos. También había un evento especial conocido como el Concurso Ancestral, sobre el que no se sabe nada definitivo. Algunos han especulado que puede haber implicado la realización de tareas agrícolas relacionadas con la cosecha.[48]

La tercera etapa, la *epopteia*, solo podía emprenderse después de que hubiera pasado un mínimo de un año desde la iniciación a la segunda etapa, y tenía por objeto completar el proceso de transformación del iniciado, de un ser puramente materialista a uno en comunión con los dioses. Aristófanes, en *Las Ranas*, dice de aquellos que podían emprender esta parte: "Sólo sobre nosotros el sol dispensa sus bendiciones, solo nosotros recibimos placer de sus rayos, nosotros, que estamos iniciados, y realizamos hacia ciudadanos y extraños todos los actos de justicia."[49]

Este era el último paso en la iniciación (excepto por el ritual que elevaba al hierofante a su cargo), y tenía lugar en la noche del séptimo día de los Misterios mayores. Esta parte de la ceremonia se conocía como la "hierogamia", el matrimonio sagrado entre Zeus y Deméter. El hierofante y la hierofanta desaparecían de vista durante un momento, luego del cual regresaban con los candidatos reunidos, quienes habían reencendido sus antorchas y parecían estar rodeados de llamas. El hierofante muestra en su mano una espiga de trigo y revela: "¡La sagrada Brimo ha dado a luz a un poderoso hijo, Brimos! Esto es, la Fuerte al Fuerte".[50]

Toda la escena era tanto dramática como simbólica. El ritual se completaba cuando el hierofante decía el "grande, milagroso y más perfecto misterio de la Carga, una espiga de trigo en silencio cosechada"[51]. Aquellos que ya estaban completamente iniciados podían entonces ver y participar en todos los aspectos del ritual sin supervisión, a excepción de entrar a la parte del templo reservada para los *hiera*.

Los *epoptai,* o epoptas, como se conocía a los que habían alcanzado el tercer grado, habían sido regenerados por su iniciación y habían entrado en un nuevo estado de existencia, pues ahora se consideraba que habían sido iluminados por nuevos conocimientos y comprensión. Se habían se habían vuelto santos. Hipólito escribió: "Los atenienses, en la iniciación de Eleusis, muestran a los *epoptai* [aquellos que han sido admitidos al grado supremo de iniciación] el grande, el admirable y más perfecto misterio de la *epoptía*: una espiga de trigo segada en silencio".[52]

---

[48] *Religión en la ciudad de la Antigua Grecia* por P. Cartledge (1994), p.140. Cambridge.
[49] Aristófanes, *Ranas*.
[50] Brimo es una forma antigua del término "madre tierra" y tenía connotaciones de poder, terror y miedo.
'Los misterios eleusinos' Traducido por Sasha Chaitow. Artículo presentado en la 7a Conferencia *Esoteric Quest* sobre los misterios y filosofías de la antigüedad, Samotracia, septiembre de 2008.
[51] Ibid.
[52] Hipólito, *Refutación de todas las herejías,* ANF, vol. 5; 5, 3.

Existe cierto debate acerca de por qué se obligaba a los candidatos a mantener tal nivel de secretismo[53]. No se requería un juramento del iniciado, y Jevons argumenta que el alto grado de adherencia al mandato de no revelar los detalles de la propia ceremonia de iniciación era el resultado de la reverencia, más que cualquier otra cosa. Sin embargo, existe evidencia de que se exigía un juramento de secreto a quienes avanzaban al tercer nivel, y hay ejemplos de enjuiciamientos a los que rompieron la promesa que habían hecho. Esquilo, citado anteriormente, fue técnicamente absuelto, pero sobre la base de que se aceptó que nunca había sido iniciado realmente[54]. La verdadera razón por la que se salvó de la ira de la población enojada después de que se refugió en el altar de Dioniso fue su valentía en Maratón.

Alcibíades es, sin duda, la figura histórica más famosa a la que se acusó de profanar los Misterios. En su caso, el cargo específico era que los había imitado en una de sus juergas de borrachos, durante la cual asumió el papel del hierofante y sus amigos interpretaron diversos roles en la farsa. Fue acusado por Tésalo, hijo de Cimón, de "ofender sacrílegamente a la diosa Ceres [Deméter] y su hija Perséfone, al falsificar los Misterios y mostrarlos a sus compañeros en su propia casa, vistiendo una túnica como la del sumo sacerdote (…) actuando así en contra de las reglas y ceremonias establecidas por los Eumólpidas, los heraldos y sacerdotes de Eleusis".[55]

---

[53] *Introducción al estudio de la religión comparada* por F.B. Jevons (1908). Londres.
[54] Aristóteles, Ética nicomáquea, 1111a8-10.
[55] Plutarco, Alcibíades, 20, 3.

Busto de Alcibíades

Alcibíades no compareció para defenderse, y fue condenado en ausencia en el 415 a. e. c. El juicio se intensificó cuando en un intento por salvarse, Andócides, amigo de Alcibíades, delató a todos los demás que habían participado. A él se le perdonó, pero los otros fueron ejecutados o, como Alcibíades, se les confiscaron todas sus posesiones. A Andócides se le prohibió participar en los Misterios, y posteriormente tuvo que ir a juicio para defenderse de una acusación de que había participado, cuando se le había ordenado no hacerlo. Se le absolvió, pero la prohibición siguió en vigor, y el fiscal acusador que fracasó fue multado con mil dracmas y excluido de los

Misterios de por vida. En otro caso, se ofreció una recompensa de un talento para quien matara a Diágoras, y de dos si era llevado con vida ante la justicia, porque se afirmaba que había disuadido a personas de convertirse en candidatos.

Aquellos que entraban al templo a la fuerza, o incluso que inadvertidamente se encontraban en el recinto del templo en el momento equivocado, también eran tratados con la mayor severidad. Dos jóvenes arcanianos, por ejemplo, terminaron accidentalmente entre los iniciados en los recintos sagrados. Las preguntas que hicieron revelaron su ignorancia, y fueron expuestos, juzgados y ejecutados. La razón de tal severidad no era la naturaleza práctica del crimen en sí, sino el hecho de que se trataba de un crimen contra la religión. Toda esta actividad confirma que los Misterios eran de enorme importancia, tanto para los atenienses como para los griegos en general.

Importancia y significado

Dadas las medidas adoptadas para garantizar el secreto, es razonable preguntarse cómo es que algún detalle llegó a salir a la luz. Ciertamente, la acumulación de conocimiento acerca de los Misterios ha sido el resultado de un arduo y minucioso proceso a lo largo de muchos siglos. Los escritos e inscripciones antiguos han proporcionado la información más confiable y auténtica, y a lo largo de los años los investigadores han podido reunir muchas fuentes no relacionadas entre sí para proporcionar una imagen más completa del evento. El proceso ha sido descrito como similar a la compleción de un mosaico, y no es una mala analogía dado que, incluso en el caso de un mosaico al que le falten piezas, el cuadro general aún se puede determinar. Si bien algunos de los elementos de los ritos estaban envueltos en secreto y misterio, muchas de las actividades que los acompañaban eran perfectamente abiertas al público. A partir de estas fuentes, muchas de las actividades y rituales periféricos asociados con los ritos están bien documentados, y proporcionan información sobre el significado de todo el festival.

Ciertamente, dentro de Atenas, convertirse en iniciado era casi de rigor. Quienes no lo hacían eran vistos con sospecha y casi como criminales. Sócrates es el más famoso de aquellos que se negaron a ser iniciados, y se le reprochó rotundamente por sus acciones. Todos los atenienses de ambos sexos se presentaban generalmente cuando eran niños, pero la segunda y tercera etapas no podían emprenderse hasta que fueran adultos. Cuando se relajaron las reglas que restringían la participación solo a los atenienses, hubo un torrente de candidatos de todo el mundo griego, pero a los persas todavía se les prohibía específicamente postularse.

Busto de Sócrates

El culto se hizo muy popular en Roma, y todos los romanos que visitaban Atenas solían aprovechar la oportunidad para convertirse en iniciados. El mismo Augusto se convirtió en un iniciado, y si bien despreciaba las creencias religiosas egipcias, druídicas y judías, observaba escrupulosamente la promesa de secreto que daban los iniciados a los Misterios eleusinos. En una ocasión, cuando un sacerdote de Eleusis presentó una petición en Roma que habría implicado revelar parte de los ritos, hizo salir del recinto a todos los que no habían sido iniciados.[56]

---

[56] Virgilio, Bucólicas, IV.

Estatua de Augusto
Fotografía de Till Nierman

A diferencia de varias otras religiones que llegaron a Roma de todas partes del Imperio, los romanos nunca consideraron los Misterios como una amenaza a su propio panteón. Claudio incluso llegó a planificar el traslado completo de las ceremonias de Eleusis a Roma, y solo se vio impedido porque los sacerdotes declararon que los ritos tenían que realizarse en el suelo que pisó la propia Deméter[57]. Adriano, sin embargo, sí transfirió los ritos a Roma[58]. Fue iniciado en los Misterios menores en el año 125 e. c., y en los Misterios mayores en el otoño siguiente. Fue iniciado en la tercera etapa en 129 e. c. Adriano es el único emperador que se sabe que pasó por las tres etapas. Otros emperadores que se sabe que fueron iniciados incluyen a Antonino, Marco Aurelio, Cómodo y Septimio Severo.

---

[57] *Los misterios y ritos eleusinos* por D. Wright (1919), p.28. Londres.
[58] Ibid.

Busto de Claudio
Fotografía de Marie-Lan Nguyen

Busto de Adriano

La secuencia de la iniciación está bien testimoniada. La primera etapa de la iniciación tenía lugar en los Misterios menores. El candidato debía permanecer casto e impoluto durante los nueve días previos a la ceremonia. El ayuno y retiro de la vida normal antes de la iniciación recuerdan a los retiros espirituales de hoy en día. En la entrada al templo se colocaban listas de los alimentos que se consideraban impuros, y estas incluían una variedad de pescados, como abarbados, rubios, cangrejos y salmonetes. El abarbado se consideraba impuro porque ponía huevos a través de su boca, y el cangrejo era impuro porque comía todo tipo de basura que otros peces no tocarían. El rubio se rechazaba porque comía otros peces que se consideraban venenosos.

Las aves que se criaban en cautiverio, como los pollos y las palomas, también estaban prohibidas, así como los frijoles y ciertos otros vegetales. Las granadas, como era de esperarse, estaban prohibidas debido a su conexión con el confinamiento de Perséfone en el Hades. Hasta donde se sabe, los Misterios nunca han sido asociados de la forma en que muchos otros ritos antiguos lo han sido con la inmoralidad. El énfasis parece haber estado siempre en el silencio, la oscuridad y la castidad.

La asociación con varias otras deidades ha planteado muchas interrogantes. Hades es también conocido como Ploutos, Plouton o Plutón, y la palabra en sí misma significa riqueza, pero también trigo. En algunos relatos mitológicos, se dice que Ploutos es el hijo de Deméter. El señor del inframundo se hizo cada vez más conocido como Plouton, pero ese nombre no es usado en ningún texto.

En el Himno a Deméter no hay mención alguna de Dioniso o Iaco. Cuando Yambe había calmado a Deméter contándole chistes, le ofrecieron a la diosa vino tinto, símbolo de Dioniso y sagrado para él. El vertido de una libación para el dios durante las ceremonias significaba una unión espiritual con él. Dioniso era visto como el consorte de Deméter, y Plutarco se refiere a la consagración de Dioniso con Deméter. A partir del siglo IV a. e. c., la nomenclatura de Plutón/Hades/Plouton desapareció casi del todo y fue reemplazada por Dioniso como el consorte exclusivo tanto de Deméter como de la Doncella en los Misterios. Zeus y sus dos hermanos, Poseidón y Hades, son los más poderosos de los dioses olímpicos, y en teoría, gobernaban el mundo; pero es Deméter, con Perséfone y Hécate, quien de hecho establece los Misterios y trae el bien o el mal a la Humanidad.

En Creta, la deidad predominante era la "diosa madre", una diosa lunar que a la vez era una deidad ctónica (del inframundo). Las semillas mueren en el invierno pero la vida retorna en la primavera, y este es el primer ejemplo del doble simbolismo notado en asociación con la granada (tanto fértil como ctónica) que es la esencia de los Misterios. En los primeros de estos ritos cretenses que se conocen, la limpieza y purificación, así como la iniciación, eran prácticas aceptadas, y para que alguien fuera aceptado como un adulto completo, debían realizarse las ceremonias de iniciación. La imagen arquetípica era la de la Madre Sagrada y su hijo divino, un niño que muere cada año para renacer en forma de uno de los miembros de la comunidad, haciendo hincapié en el renacimiento de la naturaleza y la esperanza. El pasaje heroico a través del inframundo hacia el renacimiento está en el centro mismo de los mitos arquetípicos asociados con los primeros cultos misteriosos y, naturalmente, también se encuentra en los Misterios eleusinos.

Los símbolos, los *hiera*, se guardaban en una cámara del Telesterion conocida como el *anaktoron*, y solo el hierofante podía entrar a este santuario interno. Los símbolos se llevaban a Atenas, adecuadamente cubiertos, y ocultos de cualquier espectador curioso hasta que fueran regresados a Eleusis como parte de la procesión al comienzo de los Misterios mayores. Solo aquellos que estaban iniciados, tenían permitido contemplarlos.

La naturaleza exacta de estos objetos sagrados todavía se desconoce, testimonio del poder del mandato sobre los iniciados de no divulgar los secretos de los Misterios. La ausencia de cualquier pista real sobre lo que eran, ha llevado inevitablemente a la especulación sobre lo que podrían haber sido. Algunos han sugerido que puedan estar relacionados con el regalo de Deméter de la espiga de trigo, mientras que otros han argumentado que pueden haber sido de naturaleza sexual. Algunos proponen que se trataba de *xoana*, estatuas votivas de madera comunes en toda Grecia[59]. A pesar de todas las conjeturas, el hecho sigue siendo que nadie sabe exactamente qué eran estos símbolos sagrados. Su importancia en los ritos, sin embargo, es innegable.

Recursos en línea

Otros libros sobre historia antigua por Charles River Editors

Otros libros sobre la Antigua Grecia por Charles River Editors

Otros libros sobre los misterios eleusinos en Amazon

Lecturas recomendadas

Apolodoro. Apolodoro: La Biblioteca, Sir James George Frazer (traductor). Dos tomos. Biblioteca Clásica Loeb. Cambridge MA: Harvard University Press y Londres: William Heinemann Ltd. 1921. Vol. 1: ISBN 0-674-99135-4. Vol. 2: ISBN 0-674-99136-2.

Boardman, Griffin, y Murray. The Oxford History of the Classical World [La historia Oxford del mundo clásico](Oxford University Press 1986). ISBN 978-0-19-872112-3.

Bowden, Hugh. Mystery Cults of the Ancient World [Cultos misteriosos del mundo antiguo] (Princeton University Press; 2010) 256 páginas; Un estudio de los misterios de Eleusis y otros cultos de la antigua Grecia y Roma.

Brisson, Luc y Tihanyi, Catherine (2004). How Philosophers Saved Myths: Allegorical Interpretation and Classical Mythology [Cómo los filósofos salvaron los mitos: interpretación alegórica y mitología clásica]. University of Chicago Press. ISBN 0-226-7535-4

Burkert, Walter, Ancient Mystery Cults [Antiguos cultos mistéricos], Harvard University Press, 1987.

Cicerón. Leyes II, xiv, 36.

Clinton, Kevin. "The Epidauria and the Arrival of Asclepius in Athens" [La Epidauria y la llegada de Asclepio a Atenas], en "La práctica del culto griego antiguo a partir de la evidencia epigráfica". Editado por R. Hägg, Estocolmo, 1994. ISBN 91-7916-029-8.

Cosmopoulos, Michael (2015). Bronze Age Eleusis and the Origins of the Eleusinian Mysteries [Eleusis de la Edad de Bronce y los orígenes de los misterios de Eleusis].

---

[59] *Religión en la ciudad de la Antigua Grecia* por P. Cartledge (1994), p.139. Cambridge

Cambridge University Press. ISBN 978-1-316-36823-7.

Goblet d'Alviella, Eugène, The mysteries of Eleusis: the secret rites and rituals of the classical Greek mystery tradition [Los misterios de Eleusis: los ritos y rituales secretos de la tradición de los misterios griegos clásicos], 1903.

Greene, William C. "The Return of Persephone" [El regreso de Perséfone] en Classical Philology. University of Chicago Press, 1946, pp. 105–106.

Kerenyi, C. Eleusis – Archetypal Image of Mother and Daughter [Imagen arquetípica de madre e hija], Fundación Bollingen 1967.

Kerényi, Karl. Eleusis: Archetypal Image of Mother and Daughter [Imagen arquetípica de madre e hija], Princeton University Press, 1991. ISBN 0-691-01915-0.

Metzner, Ralph. "The Reunification of the Sacred and the natural" [La reunificación de lo sagrado y lo natural], Eleusis Volumen VIII, pp. 3–13 (1997).

Kloft, Hans (2010). Mysterienkulte der Antike. Götter, Menschen, Rituale [Cultos misteriosos de la antigüedad. Dioses, personas, rituales]. Munich: C.H. Beck. ISBN 978-3-406-4606-1.

McKenna, Terence. Food of the Gods: Search for the Original Tree of Knowledge [Alimento de los dioses: búsqueda del árbol del conocimiento original]. Bantam, enero de 1993. ISBN 0-553-37130-4.

Meyer, Marvin W. (1999). The Ancient Mysteries, a Sourcebook: Sacred Texts of the Mystery Religions of the Ancient Mediterranean World [Los antiguos misterios, un libro de consulta: textos sagrados de las religiones misteriosas del antiguo mundo mediterráneo]. University of Pennsylvania Press. ISBN 0-8122-1692-X

Moore, Clifford H. Religious Thought of the Greeks [Pensamiento religioso de los griegos]. (1916). Kessinger Publishing, Abril, 2003. ISBN 0-7661-5130-1.

Mylonas, George Emmanuel. Eleusis and the Eleusinian Mysteries [Eleusis y los misterios eleusinos]. Princeton University Press 1961.

Nilsson, Martin P. Greek Popular Religion [Religión popular griega], 1940.

Rassias, Vlasis. Demolish Them [Demuélanlos]. (en griego) Atenas, 2000. (2ª edición) ISBN960-7748-20-4.

Riu, Xavier. Dionysism and Comedy [Dionisismo y comedia], (1999), Rowman & Littlefield Publishers, Inc.; Edición de reimpresión (marzo de 2002). ISBN 0-8476-9442-9. Cf.

p107. Para una discusión sobre Dioniso y su papel en los misterios de Eleusis.

Rohde, Erwin. Psyche: The Cult of Souls and the Belief in Immortality among the Greeks [Psique: el culto a las almas y la creencia en la inmortalidad entre los griegos]. Trad. desde la 8ª ed. por W. B. Hillis, Routledge y Kegan Paul, 1925; reimpreso por Routledge, 2000. cf. Capítulo 6, "Los misterios eleusinos".

Shulgin, Alexander, Ann Shulgin. TiHKAL. Transform Press, 1997.

Smith, William, A New Classical Dictionary of Greek and Roman Biography, Mythology and Geography [Un nuevo diccionario clásico de biografía, mitología y geografía griegas y romanas], vol. II. Kessinger Publishing, LLC 2006. ISBN 1-4286-4561-6.

Smith, William. A Dictionary of Greek and Roman Antiquities [Diccionario de antigüedades griegas y romanas]. Londres, 1875.

Taylor, Thomas, The Eleusinian and Bacchic Mysteries: a dissertation [Los misterios eleusinos y báquicos: una disertación]. Ámsterdam [es decir Londres] [c. 1790], ediciones posteriores, editadas y reimpresas de diversas formas. (Cuarta edición, 1891).

Tripolitis, Antonia. Religions of the Hellenistic-Roman Age [Religiones de la época helenística-romana]. Wm. B. Eerdmans Publishing Company, Noviembre 2001. ISBN 0-8028-4913-X.

Vaughn, Steck. Demeter and Persephone [Deméter y Perséfone]. Steck Vaughn Publishing, Junio 1994. ISBN 978-0-8114-3362-4.

Wasson, R, Ruck, C., Hofmann, A., The Road to Eleusis: Unveiling the Secret of the Mysteries [El camino a Eleusis: Revelando el secreto de los misterios]. Harcourt, Brace, Jovanovich, 1978. ISBN 0-15-177872-8.

Virgili, Antonio. "Culti misterici ed orientali a Pompei" [Misterio y cultos orientales en Pompeya]. Roma. Gangemi, 2008

Willoughby, Harold R. The Greater Mysteries at Eleusis, Ch. 2 of Pagan Regeneration: A Study of Mystery Initiations in the Graeco-Roman World [Los mayores misterios de Eleusis, cap. 2 de la regeneración pagana: un estudio de las iniciaciones misteriosas en el mundo grecorromano], 2003, Kessinger Publishing, ISBN 0-7661-8083-2. Se pueden buscar extractos amplios en línea.

Libros gratuitos por Charles River Editors

Tenemos nuevos títulos disponibles gratuitamente durante casi toda la semana. Para ver cuáles de nuestros títulos se encuentran gratuitos actualmente, haga clic en este enlace.

Libros en descuento por Charles River Editors

Tenemos títulos con un precio reducido de tan solo 99 centavos cada día. Para ver cuáles de nuestros títulos cuestan 99 centavos actualmente, haga clic en este enlace.

www.ingramcontent.com/pod-product-compliance
Lightning Source LLC
Chambersburg PA
CBHW081937120726
47997CB00010B/3160